D0856784

Maman,
Je t'aime

Ce livre appartient à

© 2001 Les Publications Modus Vivendi Inc.
Tous droits réservés

Publié par:
Les Publications Modus Vivendi Inc.
3859, autoroute des Laurentides
Laval (Québec) Canada H7L 3H7

Design de la couverture et des pages intérieures: Marc Alain

Crédits photographiques: © SuperStock et Image Club

Dépôt légal: 1er trimestre 2001
Bibliothèque nationale du Québec
Bibliothèque nationale du Canada
Bibliothèque nationale de France

Données de catalogage avant publication (Canada)
Desbois, Hervé
    Maman je t'aime
    (Collection Émotions)
    ISBN: 2-89523-052-8
    1. Mères. 2. Mères - Ouvrages illustrés.
    I. Titre. II. Collection.
HQ759.D47 2001   306.874'3   C00-942049-5

Canadä Nous reconnaissons l'aide financière du gouvernement du
Canada par l'entremise du Programme d'Aide au Développement de
l'Industrie de l'Édition (PADIÉ) pour nos activités d'édition.

Maman, Je t'aime

HERVÉ DESBOIS

MODUS VIVENDI

« Oh! l'amour d'une mère!
amour que nul n'oublie!
Pain merveilleux qu'un dieu
partage et multiplie!
Table toujours servie au paternel foyer!
Chacun en a sa part, et tous l'ont tout entier! »

Victor Hugo

Qui que nous soyons, et quoi que nous soyons dans cette humanité, nous sommes tous l'enfant d'une femme. Et peu importe les rapports que l'on conserve avec elle, notre mère occupera toujours une place particulière dans notre vie. Peut-être aujourd'hui est-elle devenue une amie, une confidente, une conseillère? Ou peut-être que les circonstances l'ont, d'une façon ou d'une autre, éloignée de nous; ou bien n'est-elle plus qu'un souvenir immatériel que la Vie nous a laissé? Peu importe les chemins et les buts poursuivis, les directions et les choix qui nous éloignent, ou nous rapprochent, quelque part au fond de chacun, il y a ce premier amour, ce premier contact avec la vie. Souvent, j'entends dire que nous devons la vie à notre mère. Mais qu'en disent-elles, ces mamans d'ici et d'ailleurs? Demandez-le à votre mère; peut-être se contentera-t-elle de vous répondre qu'elle vous l'a donnée, la vie.

Pour Une Mère

Je t'ai tant demandé
Sans jamais m'occuper
Des ombres dans tes yeux
Des soupirs silencieux

Souvent mon insolence
N'avait d'égale que ta patience
J'ai franchi les frontières
Que borde la colère

Et puis toutes ces nuits
Passées près de mon lit
À me tenir la main
Jusqu'au petit matin

Ma fièvre était la tienne
Tu étanchais ma peine
Que de mots rassurants
Pour calmer mes tourments

Pourtant mon cœur d'enfant
Aveugle et insouciant
Donnait bien des soucis
Oubliant les mercis

J'ai beaucoup exigé
Souvent sans remercier
Je t'ai tant demandé
Et tu m'as tant donné
Et tu m'as tout donné

> « La terre est notre mère:
> elle enfante nos corps, et le ciel y joint l'âme. »

Pacuvius

Cela faisait des heures que je la voyais aller et venir dans la maison. Malgré mon jeune âge, j'étais capable de comprendre certaines choses, probablement plus que ne peuvent l'imaginer les adultes! Je sentais bien qu'elle n'était pas dans son état normal. Quelquefois nos regards se croisaient, mais si brièvement… comme si elle ne voulait pas me laisser le temps de lire dans ses yeux et savoir ce qui se passait en elle. Mais moi, je savais bien que quelque chose clochait… Je savais sans vraiment savoir ou, plutôt, j'avais la perception de quelque événement en cours, sans pour autant être capable de l'expliquer.

Je pouvais néanmoins sentir sa nervosité croître et, surtout, déteindre sur moi au fur et à mesure que la journée avançait! Bien sûr que je n'aimais pas la voir dans cet état-là, mais que pouvais-je y faire? Soudain, le superman que j'étais en rêve et dans mes jeux, le justicier qui pourfendait le mal et la détresse, et auquel je croyais dur comme fer, deve-

(...)

nait insipide et inutile. La force magique qui habi-
tait la réalité de ma vie d'enfant était d'un coup
réduite à rien, remplacée par un sentiment d'impuissance totale. Et je ressentais cette impuissance
à aider comme la pire des inaptitudes.

J'en étais là de mes réflexions quand j'entendis une
espèce de plainte aiguë, comme un ultime appel de
détresse venu trop tard. Je me précipitai vers la salle
de bain d'où le bruit semblait venir. Et je restai figé
dans l'encadrement de la porte. Elle était là, cou-
chée par terre sur un paquet de vieilles couvertures,
me regardant avec ses grands yeux qui semblaient
demander de l'aide, des yeux où se lisaient la stu-
peur et l'incompréhension.

Je sursautai en sentant la main de ma mère se poser
sur mon épaule:

– « Ne t'inquiète pas, tout va bien aller. C'est sa
   première portée, après tout. »

Puis ma chatte émit un long miaulement au
moment même où le premier chaton sortit de ses
entrailles.

Le **matriarcat** est défini comme un système social, politique et juridique dans lequel les femmes sont réputées exercer une autorité prépondérante dans la famille et où elles occupent des fonctions politiques. (réf. *Larousse*)

Selon différentes études sur les sociétés matriarcales anciennes, les mères n'auraient pas utilisé leur pouvoir afin d'imposer leur domination aux autres, contrairement au patriarcat, où l'homme exerce pleinement sa domination!

Certaines localités de Bretagne ont connu leur « société matriarcale ». En raison de la grande pêche, qui voyait les hommes partir en mer pendant six à huit mois de l'année, la vie du bourg reposait sur les femmes. D'ailleurs, la fille choisissait son « galant » et, même mariée, conservait son nom de jeune fille. Seule pendant la majeure partie de l'année, elle assumait la vie de la famille, souvent nombreuse!

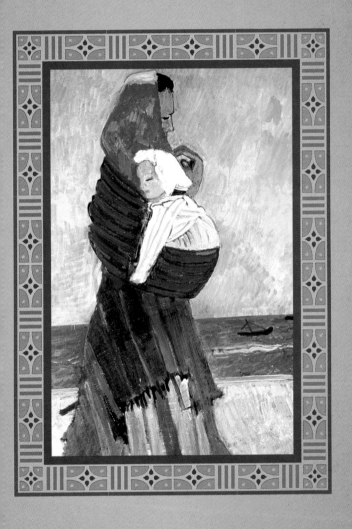

L'organisation matriarcale, que l'on retrouvait dans certains peuples de l'Antiquité, tirerait son origine de l'aspect mystérieux que représentait alors la procréation, donnant ainsi à la femme le statut de « cocréatrice » du monde.

Certains peuples du Vietnam observent encore certains rites reliés au matriarcat. Ainsi, la fille a le droit de choisir son époux et, après le mariage, le jeune homme doit aller vivre dans la maison de ses beaux-parents.

Mais c'est dans les montagnes du sud-ouest de la Chine que survit l'une des dernières sociétés traditionnelles dominées par les femmes: le petit peuple des Mosu conserve en effet, envers et contre tout, son organisation sociale matriarcale.

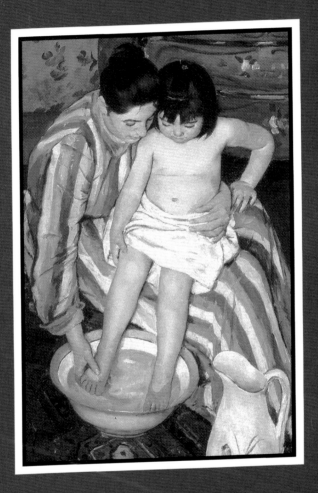

« L'amour d'un père est plus haut que
la montagne. L'amour d'une mère est plus
profond que l'océan. »

Proverbe japonais

« Mère est le nom pour Dieu sur les lèvres
et dans les cœurs des petits enfants. »

William Thackeray

« Un homme aime le plus l'amie de son cœur,
le mieux sa femme,
mais sa mère le plus longtemps. »

Proverbe irlandais

« Le cœur d'une mère est un abîme au fond
duquel se trouve toujours un pardon. »

Balzac

« La mesure de l'amour
c'est d'aimer sans mesure. »

Saint Augustin

Souvenirs

Une vieille photo jaunie
Où s'est figée la vie
Un instant de bonheur
C'était avant, c'était ailleurs

Ces visages immobilisés
Qui semblent me regarder
De l'autre côté du temps
Me parlent d'un autre temps

De l'autre côté du miroir
Ils racontent leur histoire
C'est une histoire muette
Qui s'écrit dans ma tête

Personnages éphémères
Figures familières
Le passé me rejoint
C'était hier, je me souviens

Moi, je suis là, devant
Avec mes frères, enfants
Et ce visage souriant
C'est elle, c'est maman

« Une mère reste une mère,
peu importe l'enfant qui pleure devant elle. »

H. D.

Qui n'a pas, un jour, été fier de sa mère? Person-
nellement, je n'ai pas à chercher bien loin pour
trouver l'un de ces moments. Un moment aussi
dramatique qu'exceptionnel. Nous étions en va-
cances d'été dans un hôtel typiquement familial.
C'est bien simple, où que l'on aille dans l'hôtel, on
était sûr de trouver des enfants. Il y en avait de tous
les âges, même des bébés. Fort de mes huit ans, je
faisais moi-même partie de la « communauté des
touristes en culottes courtes ».
Cette journée-là, il pleuvait. La salle de jeux bour-
donnait donc d'activités bruyantes et enjouées,
autant de la part des adultes que des enfants. Au
milieu de ce joyeux brouhaha, dormait un tout
petit bébé dans son couffin. Ses parents en profi-
taient pour se détendre en jouant aux cartes, et personne ne semblait faire attention à ce bébé, pas
même moi qui jouais pourtant tout à côté.
À un certain moment, sa mère laissa la table de
jeux et s'approcha du couffin pour s'assurer que
tout allait bien. Et, en une fraction de seconde,
tout bascula. La foudre tombant au beau milieu du
groupe n'aurait pas eu plus d'effet: la mère du bébé
venait de pousser le cri le plus déchirant qu'il m'ait

(...)

jamais été donné d'entendre. Elle était là, tremblante près du couffin, serrant dans ses bras le corps inerte de son bébé. Son mari, affolé, se précipita vers elle, mais ni l'un ni l'autre ne semblaient capables de réagir adéquatement. Soudain, arrivée de nulle part, je vis ma mère se précipiter vers le couple, saisir l'enfant et, sans rien dire, l'allonger sur la table où je jouais. Tout le monde était dans un tel état de choc que personne ne posa la moindre question. Maman était secouriste et, avec des gestes rapides et assurés, elle installa le bébé de façon à lui faire le bouche à bouche. Les sanglots de la mère, difficilement contenus, semblaient accentuer le silence écrasant. Chacun paraissait retenir son souffle, comme dans un effort désespéré pour transmettre ce souffle au malheureux nourrisson. Inlassablement, maman répétait les mêmes gestes, insufflant la vie à la Vie endormie dans ce petit corps fragile. La manœuvre de réanimation parut durer une éternité. Puis, soudainement, le bébé eut un hoquet et ma mère le retourna rapidement sur le côté. Je fis la grimace en voyant le bébé vomir, mais maman sourit.

- « Le voilà qui revient… »

Et personne ne put s'empêcher de sourire en entendant le bébé pleurer. Maman venait de donner la vie, une fois de plus.

Mères du Monde

Qu'elle soit blanche, qu'elle soit noire, chrétienne ou musulmane, une mère est une mère. Peu importe les origines, la culture ou la religion, l'amour maternel semble échapper aux lois humaines: il est universel.

Les larmes d'une mère ont la même transparence et le même goût, quel que soit le coin du globe où elles sont versées. Et les sourires, la même chaleur, comme si cet amour dépassait les frontières humaines de race et de culture. Un amour universel qui plonge ses racines et puise sa force ailleurs que dans le monde matériel. Ailleurs, au plus profond de l'âme humaine, dans l'univers intemporel de l'esprit, qui ne connaît que la couleur de l'amour et la langue des sentiments.

Malgré l'évolution des rôles dans la société moderne, je garde cette image, peut-être un peu dépassée, de la mère nourricière. Traditionnellement, n'est-ce pas là l'un des premiers contacts, privilégié s'il en est un, de la mère donnant le sein à son enfant?

Je sais que le cliché peut ne pas plaire à tout le monde, mais qu'importe. Ma mère qui cuisinait, c'était quelque chose!

Croque-Mignon

Pour quatre mignons, il vous faudra:
- 4 brioches
- 4 œufs (petits, de préférence)
- 30 g/1 oz de beurre
- Fromage râpé
- Sel et poivre

Coupez la « tête » des brioches et beurrez-les. Puis creusez l'intérieur des brioches en prenant garde de ne pas percer la croûte. Beurrez-en l'intérieur et mettez-les au four à environ 125 ºC/250 ºF pendant cinq minutes (surveillez-les pour ne pas qu'elles brûlent!).

Retirez les brioches du four et cassez un œuf dans chacune. Salez, poivrez et ajoutez un peu de fromage râpé, puis remettez les brioches au four à 180 ºF/350 ºF, avec leurs « têtes », mais sans les couvrir, jusqu'à ce que les blancs d'œufs prennent consistance, soit environ dix minutes. Servez les brioches recouvertes de leur « tête ». Irrésistible…

« Les fautes sont grandes
quand l'amour est petit. »

Proverbe italien

« Le mamans, ça pardonne toujours;
c'est venu au monde pour ça. »

Alexandre Dumas père

« Donne ton amour à ta femme,
mais ton secret à ta mère ou à ta sœur. »

Proverbe gaélique

« Toutes les mères, par principe, ne souhaitent
rien tant pour leur fils que le mariage,
mais désapprouvent la femme qu'ils choisissent. »

Raymond Radiguet

« La vie est un sommeil, l'amour en est le rêve,
et vous aurez vécu si vous avez aimé. »

Alfred de Musset

Une Mère...

Une mère, c'est...
Des bras ouverts
Des mains tendues
L'amour à nu

Un cœur immense
Sans impatience
Qui peut sévir
Et applaudir

Des yeux pour voir
Les idées noires
Et puis entendre
Les souffrances

Les mots qu'il faut
Pour tuer les maux
Taire les colères
Sourire aux lèvres

Une mère, c'est...
Le jour qui se lève
La nuit qui finit
Le cadeau de la vie

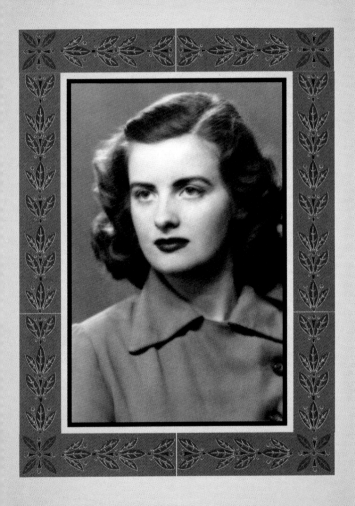

« L'asile le plus sûr est le sein d'une mère. »

Jean-Pierre Claris de Florian

La vie est parsemée de rencontres, quelquefois incroyables. C'était en juillet 1973, je parcourais les routes d'Europe en auto-stop, en quête d'aventures. Comme cela arrive de temps en temps avec ce moyen de transport, je me retrouvai « en panne », dans un petit village de Bavière. La nuit commençait à tomber et j'étais encore loin de la ville où, selon mes plans, j'aurais dû passer la nuit dans une auberge de jeunesse.

Contre mauvaise fortune bon cœur, je me résignai à aller demander asile pour la nuit auprès du curé du village. Première inquiétude, je ne vis aucun clocher aux alentours. Et, avec la pénombre, j'avais quelques difficultés à m'orienter. Je me décidai donc à utiliser mon allemand « scolaire et approximatif » pour demander le chemin du presbytère au premier passant venu. Qui fut, en fait, une passante. La femme que j'avais abordée me regarda d'un air interrogateur et je crus comprendre qu'elle voulait connaître la raison de ma question. À court de vocabulaire, je lui répondis simplement : pour dormir. Soudain, je réalisai que mon apparence avait certainement de quoi l'effrayer, moi, jeune étranger, barbu, chevelu, perdu en pleine campagne avec, pour seul bagage, un sac à dos. Elle me dévisagea un instant et je faillis continuer mon

(...)

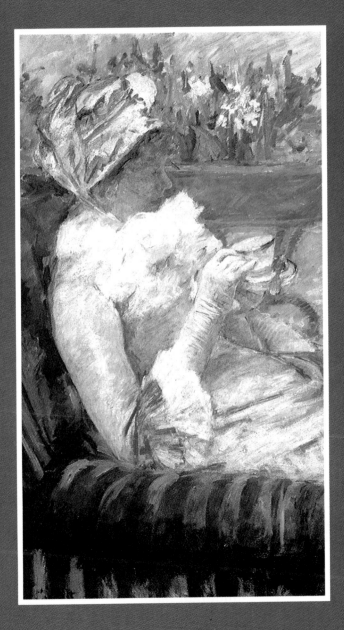

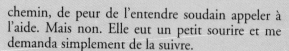

chemin, de peur de l'entendre soudain appeler à
l'aide. Mais non. Elle eut un petit sourire et me
demanda simplement de la suivre.

Je me dis que c'était ma chance, pensant qu'elle me
conduirait directement au presbytère. Chance que
je mesurais de plus en plus en voyant le dédale de
rues que nous empruntions. Mais quelle ne fut pas
ma surprise de la voir soudain se diriger vers une
résidence qui n'avait rien d'un presbytère! Je m'ar-
rêtai sur le trottoir, perplexe, mais la femme fit un
geste pour m'inviter à la suivre. Elle ouvrit la porte
et me fit entrer… dans sa maison!

Ensuite, je n'eus pas l'occasion de dire grand-
chose. Sans même me demander quoi que ce soit,
elle me donna à manger, m'installa dans une cham-
bre d'amis, puis me présenta sa famille… en pho-
tos. À force de gestes et de mots répétés lentement,
elle me fit comprendre que son mari était voyageur
de commerce et qu'elle avait deux enfants. Elle me
montra un jeune homme sur une photo, et me
montra du doigt. Devant mon air confus, elle
m'expliqua lentement, choisissant bien ses mots
pour que je comprenne. Et voici approximative-
ment ce qu'elle me dit: « Mon fils a ton âge et il
voyage en auto-stop en ce moment, comme toi. Et
je suis inquiète pour lui, comme ta mère doit être
inquiète pour toi. Alors, je t'accueille comme j'ai-
merais que lui soit accueilli, où qu'il aille. »

Mère, du latin *mater*, qui signifie « femme qui a mis un enfant au monde », est un mot qui, au fil du temps, s'est élargi et enrichi, revêtant la notion de nourricière, de figure maternelle, de celle qui prend soin des autres. C'est un mot qui se retrouve d'ailleurs dans de nombreuses expressions pour indiquer le principe générateur, l'origine, etc. Il s'agit donc d'un mot riche de sens, à l'image de l'humanité. Ainsi, quand j'entends certains scientifiques réduirent l'être humain à une machine, je ne peux m'empêcher de faire la grimace. L'amour d'une mère dépasse certainement toutes les lois de la physique, de la chimie et de la biologie. Ces scientifiques qui tentent d'expliquer la Vie ont certainement oublié l'essentiel!

Mères Fécondes…

Le record de fécondité appartient à deux femmes. Madame Fiodor Vassiliev, une Russe qui a vécu de 1707 à 1782, a eu soixante-neuf enfants en vingt-sept couches: quatre fois des quadruplés, sept fois des triplés et seize fois des jumeaux.

Madame Bernard Scheinber, une Autrichienne, décédée en 1911 à l'âge de cinquante-six ans, a eu, elle aussi, soixante-neuf enfants. Son mari se remaria et eut dix-huit enfants de sa deuxième femme!

Plus près de nous, en 1989, Maria Olivera donna naissance à son trente-deuxième enfant, à l'âge de cinquante ans.

(…)

En France, Madeleine Davaud, née en 1910, eut vingt-cinq enfants entre 1928 et 1958.

En 1946, une Brésilienne eut des décuplés (10 enfants): deux garçons et huit filles.

(Réf. *Quid 2000*)

Trucs de Mamans d'Hier...

Le sel fait tourner le lait. Par conséquent, en préparant des bouillies ou des sauces, il est bon de ne l'ajouter qu'à la fin de la préparation.

L'eau bouillante enlève la plupart des taches de fruits. Versez l'eau bouillante sur la tache, comme au travers d'une passoire, afin de ne pas mouiller l'étoffe plus qu'il n'est nécessaire.

Le jus de tomates enlève l'encre et les taches de rouille du linge et des mains.

Une cuillerée à soupe d'essence de térébenthine, ajoutée à la lessive, aide puissamment à blanchir le linge.

Le pétrole assouplit le cuir des souliers et chaussures durcis par l'humidité, et le rend aussi flexible et mou que lorsqu'il était neuf. Ne pas faire souvent cette opération, car le cuir serait détruit.

L'eau de pluie froide et un peu de soude enlèvent la graisse de toutes les étoffes qui peuvent se laver.

« On aime sa mère presque sans le savoir,
et on ne s'aperçoit de toute la profondeur
des racines de cet amour qu'au moment
de la séparation dernière. »

Maupassant

« Qui donne ne doit jamais s'en souvenir,
qui reçoit ne doit jamais l'oublier. »

Sentences et proverbes Rabbins

« C'est qu'on se croit toujours plus sage
que sa mère. »

Jean-Pierre Claris de Florian

« Cette roue sur laquelle nous tournons
est pareille à une lanterne magique.
Le soleil est la lampe; le monde, l'écran.
Nous sommes les images qui passent. »

Omar Khayyam

« Assis sur les genoux d'une mère pauvre,
tout enfant est riche. »

Proverbe danois

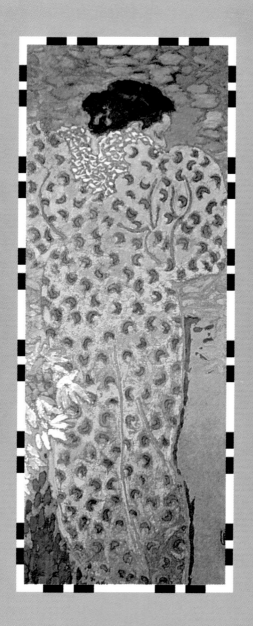

Après Toi

C'est grâce à toi
Si la vie bat
Que l'enfant rit
Et qu'il grandit

Jours de soleil
Tu l'émerveilles
Par ton sourire
Pour le nourrir

Les jours de pluie
Tu le guéris
Et tu prends soin
De ses chagrins

Et tu le guides
Le laissant libre
Même si ta main
Le conduit bien

C'est grâce à toi
Que lui saura
Aimer la vie
Les autres, et lui

Même après toi

« Pour une mère, un enfant a beau grandir,
il s'arrête à la hauteur du cœur. »

Victor Hugo

« Les enfants d'une mère sont comme des rêves.
Aucun n'est aussi merveilleux que les siens. »

Proverbe chinois

« Les richesses qui ne sont pas dans l'âme
ne nous appartiennent pas. »

Démophile

« Car quel est l'auteur au monde qui vous
enseignera la beauté aussi bien
qu'un regard de femme? »

William Shakespeare

« Dieu ne pouvait être partout,
alors il a créé la mère. »

Proverbe juif

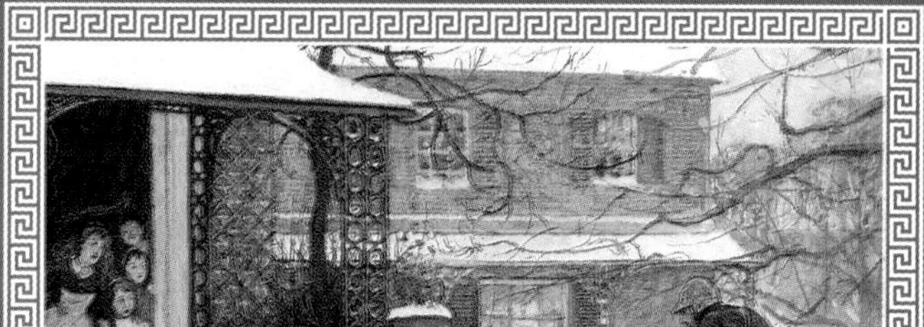